Henriette Steinacker
Schattenstickerei

rosenheimer
raritäten

Henriette Steinacker

Schattenstickerei

rosenheimer

Dank

Wir danken dem Einrichtungshaus *Va bene* in Berchtesgaden, daß wir dort Fotoaufnahmen machen durften sowie für die leihweise Überlassung von Dekorationsgegenständen.
Der Firma Siekaup, Bielefeld, danken wir für die Unterstützung mit Leinen, Herrn Michael Steinacker, Oberhundem, für die Rahmungen der Bilder und Frau Prof. Dr. Immenroth, Dortmund, für die leihweise Überlassung der Dresdener Spitze von Seite 8.

Das Bild »Kräuter« von Seite 20 und die »Schäfchen« von Seite 42 hat Frau Ursula Seibert, Hachenburg, entworfen. Alle anderen Entwürfe stammen von der Autorin.

Das Titelbild zeigt eine Gardine mit Blütenranken und einen Läufer mit Jugendstilornament (Anleitung Seite 50); die Buchrückseite den Vogel aus dem Bild »Neun Jugendstilmotive« (Anleitung Seite 28).

ISBN 3-475-52778-2

Dieses Buch erscheint in der Reihe »Rosenheimer Raritäten« im Rosenheimer Verlagshaus GmbH & Co. KG, Rosenheim.
Alle Aufnahmen besorgte MAXIS FOTO in Berchtesgaden. Die Reproduktionen fertigte Reproteam g. & j. Siefert, Ulm. Das Buch wurde gesetzt von der Buch-Werkstatt GmbH, Bad Aibling.

Vorwort

Schattenstickerei, auf transparentem Stoff sehr fein und dicht gestickt, könnte man mit einer Applikation verwechseln. Dreht man die Stickerei auf die linke Seite, so wird ein geschlossener Hexenstich sichtbar. Wer mit dieser Technik noch nicht vertraut ist, dem scheint sie kompliziert zu sein. Der Schattenstich ist jedoch leicht erlernbar und schneller zu arbeiten als andere Weißstickereien.

Voraussetzung für die Schattenstickerei ist, daß der Stoff durchsichtig ist, damit der Hexenstich durchschimmert.

Sind Sie kreativ veranlagt, so wird es Ihnen bald Freude bereiten, selber Muster zu entwerfen. Sowohl naturalistische wie abstrakte Zeichnungen, auch Zeichnungen Ihrer Kinder, eignen sich oft als Vorlage für die Schattenstickerei.

Die in diesem Buch vorgestellten Modelle sind so ausgerichtet, daß sie vielseitig verwendbar sind. Ranken, Blüten und Blätter auf Tischdecken können auch schmückend auf einem Vorhang Platz finden. Umgekehrt natürlich auch.

Lassen Sie Ihrer Phantasie freien Lauf! Ich wünsche Ihnen viel Freude beim Sticken!

Henriette Steinacker

Inhalt

Etwas Geschichte zum Schattenstich

In alten Handarbeitsbüchern ist der Stickstich, den wir heute Schattenstich nennen, unter Kreuznahtstich zu finden. Mit einer Kreuznaht wurden manchmal – als man noch mit der Hand säumte – Kleidungs- oder Wäschestücke verbunden. Zwei Stoffstücke, die aufeinanderlagen, wurden von der linken Seite mit einem geschlossenen Hexenstich überstickt. Auf der Oberseite entstanden zwei parallel verlaufende Steppnähte. Waren die verwendeten Stoffe transparent, so schimmerte der Hexenstich durch. War das vielleicht die Geburtsstunde des heutigen Schattenstichs?

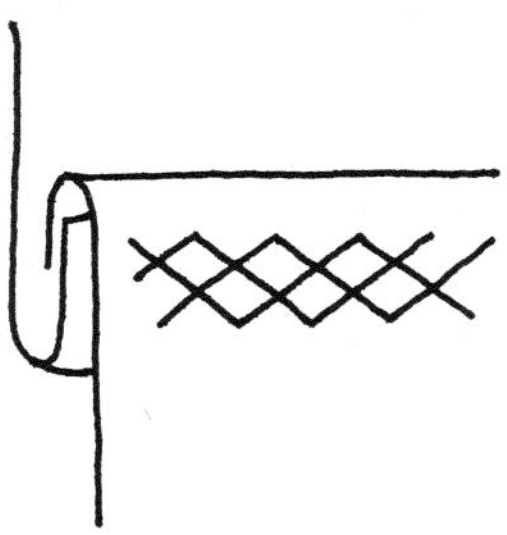

Ein geschlossener Hexenstich auf der linken Stoffseite

ergibt

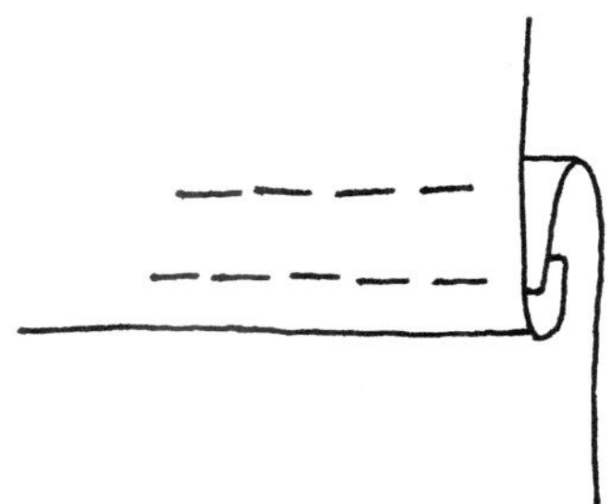

zwei gegenüberliegende Steppstiche auf der rechten Stoffseite

Auf feinem Leinen- oder Baumwollbatist finden wir den Schattenstich in alten Weißstickereien. Zarte Blätter, Ranken und Blüten wurden in ihm ausgeführt. Bei der Spitzenstickerei staunen wir heute über die winzigen Schattenstiche, die zur Begrenzung der Ajour-(Zug-) Stickerei dienten.

Die Abbildung zeigt eine besonders hübsche Dresdener Spitze (Point de Saxe) aus dem Jahre 1764. Diese Spitze ist noch so erhalten, wie sie vor 230 Jahren vom Stickstuhl genommen wurde. Die Stickerin hat den unteren Rand noch nicht zur Spitze ausgeschnitten. Es sind noch ein paar Stickproben sichtbar.

Arbeitsmaterial

Stoffe

Nehmen Sie für Ihre kostbaren Stickereien nur das beste Material aus Naturfasern. Die Stoffe dürfen nicht zu locker gewebt, sie müssen aber durchsichtig sein. Gut geeignet sind: Reinleinenbatist, Siebleinen nicht zu locker gewebt, Baumwoll- und Halbleinenbatist. Glasbatist wird gerne für die Bildstickerei genommen. Im Gegensatz zum Baumwollbatist, der sich sehr weich anfühlt, ist der Glasbatist, obwohl auch aus Baumwolle, sehr starr. Der einzelne Gewebefaden ist beim Glasbatist überdreht, deshalb bleibt er auch nach mehreren Wäschen starr und ist nicht für Tischwäsche geeignet.

Stickgarn

Schattenstickerei wird mit Sticktwist gestickt. Die Farbe wählt man meistens Ton in Ton zum Stoff. Je nach Stärke des Stoffes teilt man den sechsfädigen Sticktwist in vier, drei oder zwei Fäden. Bei der Bildstickerei wird oft nur ein Faden vom Sticktwist genommen.

Nadeln

Gestickt wird mit spitzen Sticknadeln:
Nr. 20 für vierfädigen Sticktwist,
Nr. 22 für dreifädigen Sticktwist,
Nr. 24 für zwei- und einfädigen Sticktwist.

Stickrahmen

Zum Sticken des Schattenstichs brauchen Sie einen Stickrahmen. Am besten sind Rahmen zum Befestigen am Tisch oder an der Fensterbank, Schoßrahmen und Stickständer. Diese Rahmen ermöglichen es Ihnen, mit beiden Händen zu sticken.

Aufzeichnen

Mit einem Bügelmusterstift können Sie direkt auf den Stoff zeichnen oder ein Aufbügelmuster herstellen. Den Stift gibt es in Handarbeitsläden oder Bastelgeschäften.
Um ein Aufbügelmuster herzustellen, brauchen Sie ganz feines, weißes Seidenpapier.

Arbeitshinweise

Aufzeichnen

Sie können die meisten Zeichnungen ohne viel Mühe zum Nachsticken direkt aus dem Buch auf den vorgesehenen Stoff übertragen. Da der Stickgrund durchsichtig ist, legen Sie die Zeichnung unter den Stoff und mit dem Bügelmusterstift übertragen Sie das Muster.

Um das schöne Buch zu schonen, ist es ratsam, von der Zeichnung eine Fotokopie zu fertigen. Dies ist auch bei denjenigen Zeichnungen notwendig, die aus Platzgründen verkleinert abgebildet werden mußten. Bei diesen haben wir angegeben, um wieviel Prozent sie vergrößert werden müssen, damit die originalen Ausmaße erzielt werden. Mit Heftzwecken befestigen Sie die Kopie auf eine helle, glatte Holz- oder Pappunterlage, legen die betreffende Stelle des Stoffes auf und zeichnen das Muster nach. Nehmen Sie nach Möglichkeit keinen Bleistift zum Durchzeichnen, da die Stickerei während des Stickens schmuddelig wird.

Um ein Muster ganz korrekt auf den Stoff zu bringen, fertigen Sie ein Aufbügelmuster an. Mit dem gut angespitzten Bügelmusterstift übertragen Sie die Zeichnung auf dünnes, weißes Seidenpapier. Dickeres Seidenpapier und Pergamentpapier läßt die benötigte Hitze nicht durch. Das aufgezeichnete Muster gewendet auf den Stoff legen und aufbügeln. Die Vorlage wird spiegelverkehrt übertragen. Möchten Sie das vermeiden, etwa bei Buchstaben, so muß man anders verfahren. Zuerst mit Bleistift die Buchstaben durchzeichnen, das Seidenpapier wenden und die Zeichnung nun spiegelverkehrt mit dem Bügelmusterstift nachfahren.

Um ein Verrutschen des Abplättmusters beim Bügeln zu vermeiden, reihen Sie das Seidenpapier an entsprechender Stelle auf den Stoff. Das ist bei Decken und Gardinen aus Leinenbatist ratsam.

Spiegeln

Möchten Sie ein Motiv gegengleich aufzeichnen, zum Beispiel bei einer Gardine, so nehmen Sie das auf Seidenpapier gezeichnete Aufbügelmuster und legen es zum Kopieren mit der Zeichnung nach oben auf. Sie erhalten eine gegengleiche Zeichnung, von der Sie ein zweites Aufbügelmuster anfertigen.

Für die Schattenstickerei muß der Stoff stramm in einen Stickrahmen eingespannt werden. Nehmen Sie die Stickringe auseinander und umwickeln den unteren Ring mit Schrägstreifen aus dünnem Baumwollstoff, damit Ihre Stickarbeit später rutschfest eingeklemmt bleibt. Lockern Sie die Schraube des oberen Stickringes, stülpen den oberen Ring über den Stoff und unteren Stickring und ziehen die Stellschraube fest. Den eingeklemmten Stoff fadengerade in beide Richtungen anziehen, so daß die Gewebefäden rechtwinkelig zueinanderliegen.

Stickrahmen

Der Grundstich des Schattenstichs ist der Steppstich. Versuchen Sie ihn erst auf einer Linie zu sticken.

Sticken

Bei A ausstechen, bei B einstechen, bei C ausstechen und wieder bei A einstechen.

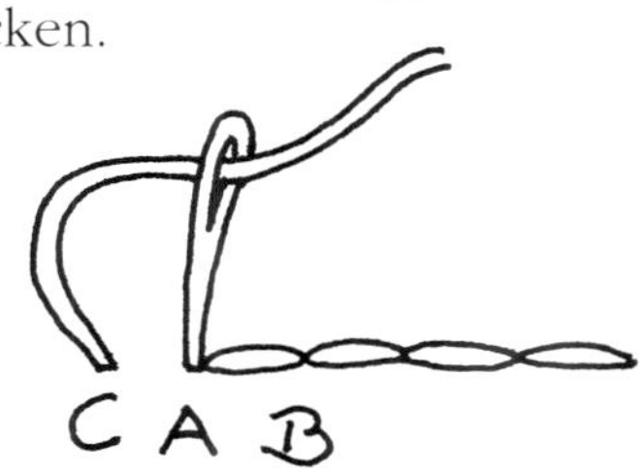

Sticken Sie den Steppstich über zwei Linien im Wechsel, so erhalten Sie den Schattenstich.

Auf der Rückseite der Stickerei entsteht ein Hexenstich.

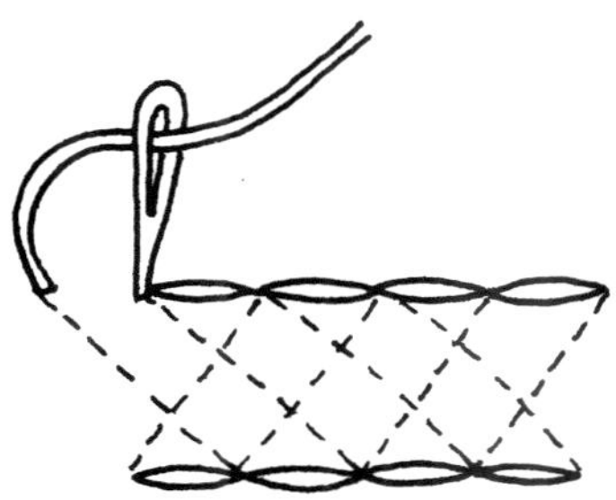

In der Abbildung sehen Sie den Beginn von drei Motiven in Schattenstickerei. Der Fadenanfang ist geknotet und liegt zirka 6 – 8 cm seitlich vom Stickbeginn. Später, wenn die Stickerei beendet und das Fadenende vernäht ist, wird der Knoten oberhalb des Stoffes abgeschnitten und der Fadenanfang auf der Rückseite unter den Stickstichen vernäht.

Schattenstich

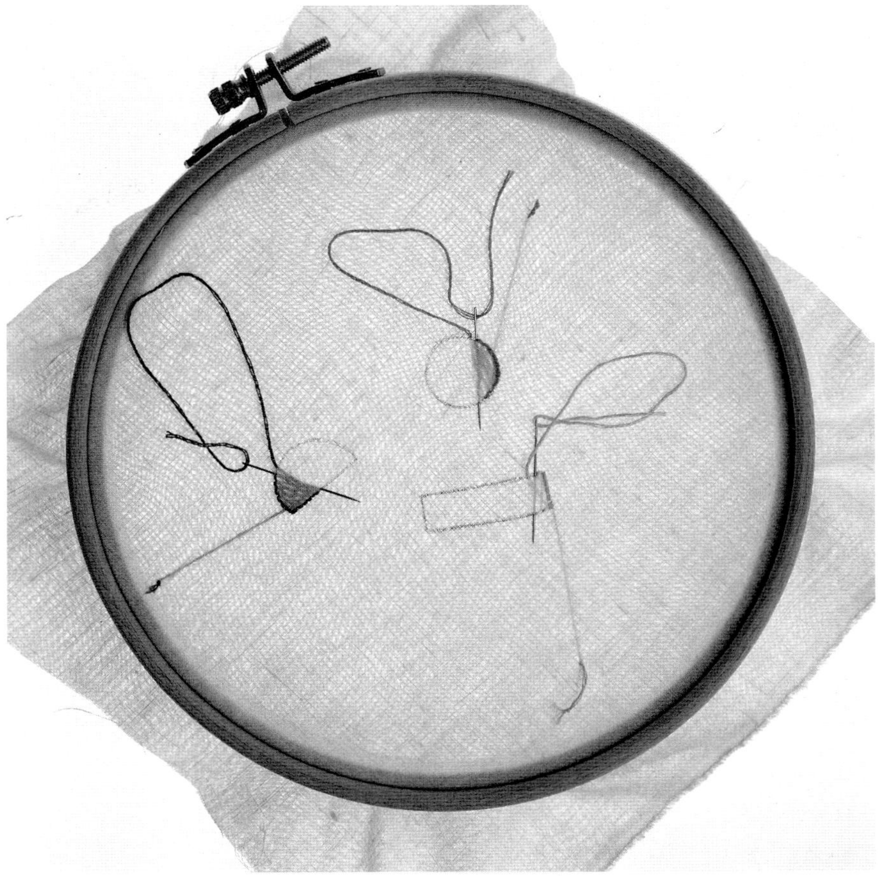

Wenn der Stoff so durchsichtig ist, daß die Vernähstiche auf der rechten Seite durchschimmern, so kann das Fadenende auch von oben mit kleinen Querstichen unter den Stepp- oder anderen Zierstichen im Stoff vernäht werden.

Die angefangenen Motive auf der Abbildung oben zeigen, daß man einen Kreis mit einigen senkrechten Steppstichen beginnt, dann zum Schattenstich übergeht, den Kreis mit ein paar Steppstichen wieder schließt. Bei anderen Rundungen wird ähnlich gearbeitet.

Ein Rechteck beginnt man an der schmalen Seite mit Steppstichen und stickt dann weiter im Schattenstich.

Eine gebogene Linie muß mit größeren Steppstichen gestickt werden als eine gerade Linie die kürzer ist. Der begonnene Halbkreis zeigt es.

Andere Stickstiche

Hier noch einige Stickstiche, die in nachfolgenden Modellen vorkommen:

Vorstich I

Bei transparenten Geweben können in der Schattenstickerei ungefähr gleich lange Stiche über und unter dem Stoff gestickt werden,

Vorstich II

oder auch ein längerer Stich über dem Stoff, ein kürzerer Stich unter dem Stoff im Wechsel.

Ein Vorstich über zwei Linien hin- und hergehend gestickt wird zum Schattenstich. In der Bildstickerei kann man mit diesem Stich hübsche Effekte erzielen.

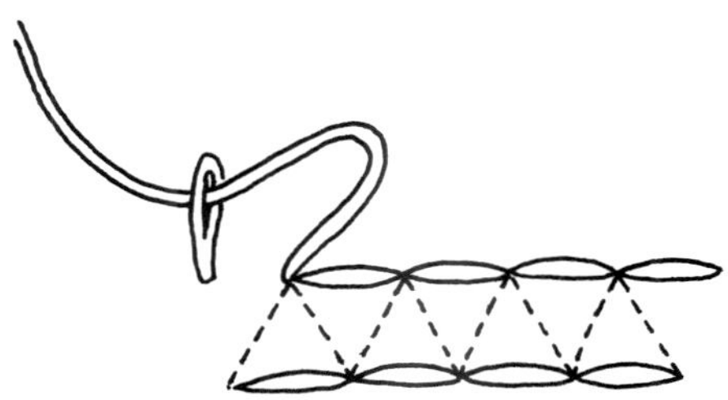

Zickzackstich

Beim Zickzackstich werden Schrägstiche von links nach rechts gestickt, die Rückreihe von rechts nach links, die Unterstiche deckend.

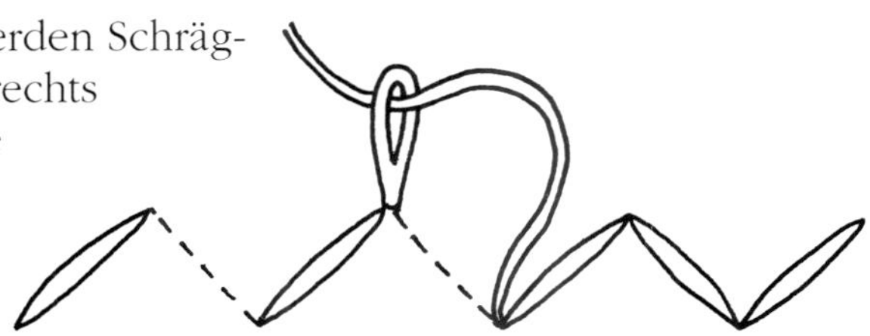

Stielstich

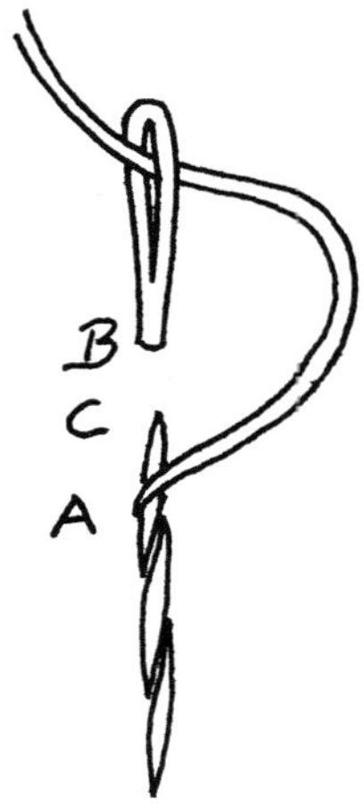

Bei einem sauber gestickten Stielstich sieht man auf der Rückseite der Stickerei einen Steppstich. Stechen Sie bei A mit der Nadel aus, bei B wieder ein und kommen mit der Nadel bei C wieder hoch, usw.

Spaltstich

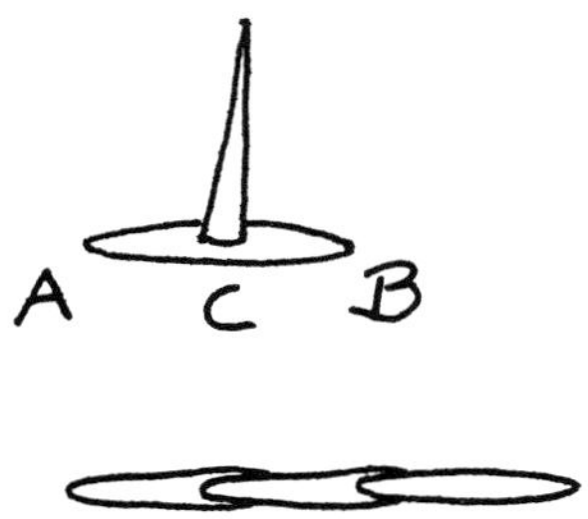

Der Spaltstich wirkt wie ein feiner Kettenstich. Bei A stechen Sie mit der Nadel hoch, bei B wieder ein. Nun durchstechen Sie von der Rückseite des Stoffes her bei C die Mitte des ersten Stiches, der dadurch gespalten wird.

Sternstich

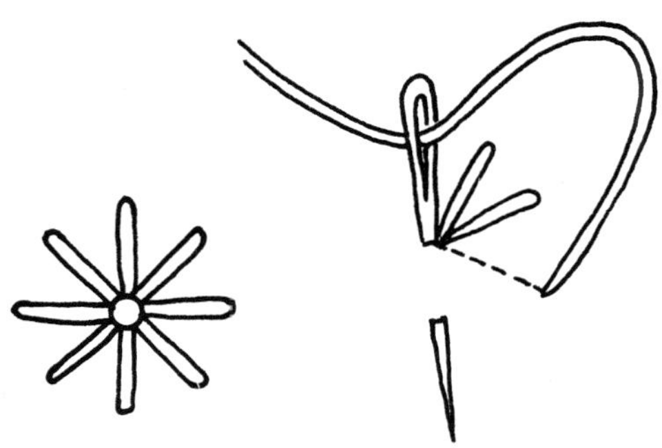

Sticken Sie in einem Kreis von außen zur Mitte hin Spannstiche.

Margeritenstich

Der Margeritenstich ist ein abgefangener Kettenstich. Mit der Nadel bei A hochkommen und von oben bei der gleichen Stelle einstechen, eine kleine Schlinge stehen lassen, die bei B mit einem kleinen Stich abgefangen wird. Bei A wieder ausstechen.

Knötchenstich

Für den Knötchenstich brauchen Sie beide Hände über dem Rahmen. Mit der rechten Hand halten Sie die Nadel, mit der linken wickeln Sie den Faden zweimal um die Nadel und halten den Faden fest. Die Nadel zirka 2 mm neben dem Fadenausstieg einstecken, den Faden fest anziehen bis das Knötchen auf dem Stoff sitzt, die Nadel erst jetzt ganz nach unten ziehen und den gespannten Faden dabei festhalten.

Bäumchenstich

Der Bäumchenstich ist ein offener Schlingstich, der im Wechsel einmal nach rechts und einmal nach links gearbeitet wird. Sie können diesen Stich, um einer Blüte Platz zu schaffen oder um die Biegung einer Ranke besser sticken zu können, zweimal nach rechts oder links ausführen. Sie kommen bei A mit dem Faden nach oben, stechen bei B wieder in den Stoff und kommen bei C hoch, lassen den Faden locker unter der Nadel liegen, bei D wieder einstechen und bei E hochkommen.

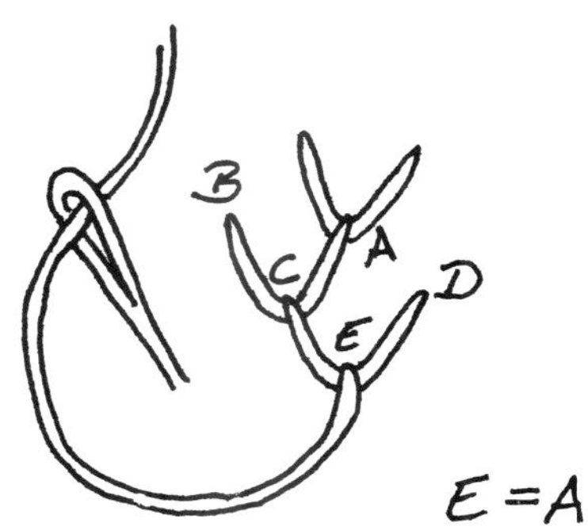

Waschen und Bügeln

Nach Beendigung der Stickarbeit stören oft die Farbreste vom Aufzeichnen. Legen Sie Ihre Stickerei für einige Stunden, am besten über Nacht, in kaltes Wasser. Heißes Wasser würde die Farbrückstände noch fester an den Stoff binden. Danach in heißem Wasser Waschpulver auflösen und die abgetropfte Stickerei für einige Zeit in die Lauge legen. Den Stoff mehrmals sanft durchdrücken, bis die Farbrückstände sich aufgelöst haben. Danach in lauwarmem Wasser mehrmals spülen. Kleinere Stickereien legen Sie ausgedrückt zwischen zwei Frotteetücher zum Antrocknen, größere Decken hängen Sie fadengerade und doppelt gefaltet über die Wäscheleine.

Was in Frotteetücher eingeschlagen war, kann nach kurzer Zeit trockengebügelt werden. Größere Teile antrocknen lassen und wenn nötig mit dem Wäschesprüher neu befeuchten.

Von links bügeln Sie nun Ihre Stickereien vorsichtig trocken. Haben Sie Sorge, daß Sie mit dem Bügeleisen in die Stickfäden geraten könnten, so legen Sie ein dünnes Baumwolltuch über die Stickerei. Auf der rechten Seite wird zum Schluß der Stoff kurz überbügelt.

Einrahmen

Die Stickerei waschen und bügeln. Ein sehr dunkler Hintergrund ist wichtig, am besten aus Passepartout-Karton, damit die Schattenstickerei gut zur Geltung kommt. Sie können Ihr Bild über den Karton spannen und auf der Rückseite festkleben. Oder Sie schneiden das Bild aus und kleben es mit ein paar winzigen Fixierpunkten auf den dunklen Hintergrund. Die Glasscheibe hält die Stickerei fest. Einfacher geht die Einrahmung mit einem zusätzlichen Passepartout, das einen dem Bild entsprechenden Ausschnitt hat.

Auf der Rückseite des Passepartouts wird rund um den Ausschnitt Klebstoff, am besten Technicoll, aufgetragen. Das Passepartout auf die Stickerei legen und andrücken. Ziehen Sie nun den Stoff senkrecht und waagrecht im Fadenlauf an, bis die Stickerei stramm im Ausschnitt des Passepartouts sitzt. Überstehender Stoff wird abgeschnitten und das Passepartout in den Rahmen gelegt, eventuell auf die saubere Glasscheibe. Dann den dunklen Passepartoutkarton sowie die Rückwand des Rahmens auflegen. Die Klammern des Wechselrahmens fest andrücken.

Fensterbilder

Schattenstickereien eignen sich gut für Fensterbilder. Im Handel gibt es Acrylglasrahmen in verschiedenen Größen. Sie bestehen aus zwei

Scheiben, die durch einen Nylonfaden miteinander verbunden werden. Die Stickereien legen Sie zwischen die Acrylglasscheiben. Außerdem haben sie noch die Möglichkeit, die Schattenstickerei zwischen zwei Passepartouts zu einem Fensterbild zu spannen. Lassen Sie sich zwei Passepartouts in gleicher Größe und Ausschnitt zurechtschneiden. Tragen Sie zirka 1 cm breit auf der Rückseite rund um den Ausschnitt Technicoll auf. Drehen Sie das Passepartout um und legen es passend auf die Stickerei. Fadengerade ziehen Sie den Stoff senkrecht und waagrecht an, bevor Sie das zweite Passepartout gegenkleben. In den oberen Ecken kleine Löcher bohren und zum Aufhängen einen Faden anbringen.

Einige gutgemeinte Ratschläge

Ordnen Sie Ihr Stickmaterial übersichtlich, am besten in einem flachen Kistchen oder Nähkorb.

Sorgen Sie beim Sticken für gute Beleuchtung von links, bei Linkshändern von rechts.

Auf einem Stuhl können Sie besser sticken als in einem Sessel. Für Ihren Rücken ist es besser, wenn Sie gerade sitzen.

Sticken Sie mit beiden Händen. Eine Hand arbeitet über dem Rahmen, die andere Hand nimmt unter dem Rahmen die Sticknadel an und sticht sie an passender Stelle wieder nach oben. So haben Sie keine einseitige Belastung der Schultern. Mit der Zeit geht das Sticken so schneller voran und Sie haben mehr Freude dabei.

Fertigen Sie erst eine Stickprobe an, bevor Sie mit unbekannten Stichen beginnen.

Kleine Stoffreste lassen sich gut in den Stickrahmen einspannen, wenn Sie an allen vier Seiten Leinenstreifen annähen.

Bei nicht fertig gesäumter Ware erst die Stickerei anfertigen, dann zurechtschneiden und säumen.

Viele Muster für Schattenstickerei können Sie auch in anderen Sticktechniken ausführen, so zum Beispiel anstelle des Schattenstichs einen Plattstich.

Libelle im Gras – Blütenherz – Schmetterling

Größe

Jedes Kissen mißt 48 x 48 cm

Material

Pro Kissen 50 x 110 cm weißen Leinenbatist (Firma Weddigen, Nr. 121, 1,85 m breit), für drei Kissen 1,10 m des genannten Stoffes.
Sticktwist dreifädig, weiß (MEZ Nr. 02)
Sticknadel Stärke 22

Arbeitsanleitung

Vom Leinen drei Bahnen von 50 x 110 cm abschneiden. Es bleiben 35 x 110 cm übrig. Der Rest kann für einen Läufer verwendet werden. Das obere und untere Ende 0,5 cm breit säumen.
Für jedes Kissen ein Aufbügelmuster anfertigen. Die gesäumten Enden so übereinanderlegen, daß sie später auf der Rückseite des Kissens in der Mitte liegen (Hotelverschluß ohne Knöpfe oder Reißverschluß). Auf der Vorderseite des Kissens die Aufbügelmuster feststecken. Das zusammengelegte Kissen auseinanderfalten und das Stickmuster aufbügeln.

Libelle im Gras: *(Zeichnung auf Seite 54)*
Schattenstich, Beine in Vorstich II, Körper in Steppstich, Kopf in Knötchenstich; Gras: Stengel in Vorstich II mit Knötchenstich, Ranken in Bäumchenstich.

Blütenherz: *(Zeichnung auf Seite 55)*
Zuerst den inneren Kreis der Blüten mit Steppstichen sticken, die Blütenblätter in Schattenstich hochsticken und mit Steppstichen schließen.

Schmetterling: *(Zeichnung auf Seite 56)*
In Schattenstich und Steppstich sticken.

Fertigstellen: Nachdem Sie das Muster gestickt haben, legen Sie die Stoffbahn rechts auf rechts so zusammen, daß ein Quadrat entsteht. Die Seitennähte schließen, das Kissen rundherum 5 cm breit absteppen.

Kräuter

Größe	Der Rahmen mißt außen 36 x 36 cm, die Bildgröße ist ca. 24 x 22 cm
Material	Ein Stück Glasbatist, ca. 35 x 35 cm groß Sticktwist einfädig, weiß (MEZ Nr. 1) Sticknadel Stärke 24 Passepartout, Maße je nach Rahmengröße, Ausschnitt 24 x 22 cm Rahmen
Arbeitsanleitung	Mit dem Bügelmusterstift die Zeichnung direkt auf den Stoff übertragen oder ein Aufbügelmuster herstellen. Die Doldenblüten links im Bild werden in Knötchenstich, die rechts im Bild in Sternstich gearbeitet, die Kolben und Blätter in Schattenstich, die Linien in Vorstich II und die Stengel in Steppstich.

Zeichnung auf Seite 57

Tulpen

Größe

Die Decke mißt 85 x 85 cm

Material

Weißes, feines Halbleinen (16 Fäden/cm)
Sticktwist vierfädig, hellgelb (MEZ Nr. 926)
Sticknadel Stärke 20

Arbeitsanleitung

Zeichnung der Tulpen fotokopieren. Mit dem Bleistift einen Kreis von 32 cm Durchmesser ziehen. Die Tulpen passen sechsmal auf diesen Kreis. Mit dem Bügelmusterstift ein Aufbügelmuster anfertigen. Das Muster in gleichem Abstand zum Rand der Decke auflegen, feststecken und vor dem Aufbügeln anreihen.
Die Blüten und Stengel werden in Schattenstich gestickt, die Blätter in Stielstich.

Zeichnung auf Seite 58

Grafische Muster

Größe

Die Decke mißt 80 x 80 cm

Material

90 x 90 cm gelber Leinenbatist (Firma Siekaup, Art. 111, 1,80 cm breit)
Sticktwist dreifädig in den Farben gelb (MEZ Nr. 301), rot (MEZ Nr. 340), grün (MEZ Nr. 244) und blau (MEZ Nr. 146)
Sticknadel Stärke 22

Arbeitsanleitung

Zuschnitt der Decke 90 x 90 cm.
Durch Aufeinanderlegen der Schnittkanten Mitte der Decke bestimmen. 30 cm ab Mitte einen 0,5 cm breiten Schattenstich fadengerade nach allen vier Seiten sticken, für jede Seite die Farbe wechseln.
In diesem abgegrenzten Quadrat von 60 x 60 cm mit dem Bügelmusterstift beliebig viele grafische Muster zeichnen, eventuell Lineal, Loch- und Kurvenschablone zu Hilfe nehmen, oder von Pappe Schablonen anfertigen und als Zeichenhilfe verwenden. Stickprobe auf Seite 12 beachten!
Für den Saum an allen Seiten, 10 cm von der Schnittkante gemessen, je zwei Gewebefäden ausziehen. In dieser Fadenrille einen Steppstich sticken, dabei für jede Seite die Farbe wechseln.
Danach knicken Sie die Schnittkanten gleichmäßig nach links zu einem Saum bis zum Steppstich um, reihen die Saumkante an und nähen mit gelber Nähseide am Stickstich fest.

Servietten: Eine Serviette mißt 36 x 36 cm, der Saum beträgt 1,2 cm und wird genauso wie bei der Decke mit buntem Garn gearbeitet.

Zeichnung auf Seite 59

Herbstlaub

Größe

Der Läufer mißt 55 x 120 cm, der Saum 2 cm

Material

Naturfarbenes Siebleinen (Firma Weddigen, Art. 113, Farbe falb)
Sticktwist vierfädig, hellbraun (MEZ Nr. 374)
Sticknadel Stärke 20

Arbeitsanleitung

Von beliebig vielen verschiedenen Blättern Aufbügelmuster herstellen, auf dem Stoff verteilen und aufbügeln. Vielleicht fügen Sie noch einige selbstentworfene Blätter hinzu.
Gestickt wird in Schattenstich und Steppstich.

Die Blätter eignen sich auch als Stickereien auf größeren Tischdekken und Vorhängen. Einzelne Blätter auf Glasbatist gestickt können auch gerahmt werden. Für ein Bild, wie es in der Abbildung gezeigt wird, benötigen Sie ca. 20 x 20 cm Glasbatist, ein Passepartout 13 x 13 cm mit einem Ausschnitt von 9 x 9 cm sowie einen Rahmen mit den Außenmaßen 16 x 16 cm.

Zeichnungen auf Seite 60
Zeichnung zu dem Bild »Steine« auf Seite 63

Neun Jugendstilmotive

Größe

Das Bild mißt außen 52 x 52 cm, der Bildausschnitt 40 x 40 cm

Material

Glasbatist in der Größe 55 x 55 cm
Sticktwist einfädig, weiß (MEZ Nr. 1)
Sticknadel Stärke 24
Passepartout 49 x 49 cm mit einem Ausschnitt von 40 x 40 cm
Rahmen 52 x 52 cm

Arbeitsanleitung

Von der Zeichnung ein Bügelmuster anfertigen und auf den Stoff bügeln. Die Linien der Umrandungen werden in Vorstich II gestickt. Wenn Sie die Umrandung genauso sticken möchten wie in der Abbildung, dann muß sie aus der Zeichnung von Seite 61 entnommen und um 270 Prozent vergrößert werden. Sie können die Umrandung aber auch selbst entwerfen.

Zeichnungen auf Seite 61 – 66

Fisch auf dem Meeresgrund

Größe

Das Bild mißt außen 27 x 27 cm, der Bildausschnitt 15 x 15 cm

Material

Glasbatist in der Größe 30 x 30 cm
Sticktwist einfädig, weiß (MEZ Nr. 1)
Sticknadel Stärke 24
Passepartout 24 x 24 cm mit einem Ausschnitt von 15 x 15 cm
Rahmen 27 x 27 cm

Arbeitsanleitung

Gestickt wird in Schattenstich, alle Linien in Vorstich II, die Blätter der Pflanze rechts in Margeritenstich, die Zickzacklinie im Fischkörper in Steppstich.

Zeichnung auf Seite 67

In der Abbildung sind noch zwei kleine Bilder zu sehen, die das Motiv »Schnecke« und »Vogel« aus dem Bild »Neun Jugendstilmotive« (siehe Seite 28) zeigen. Die Außenmaße eines Bildes sind 18,5 x 18,5 cm. Das Passepartout mißt 13 x 13 cm mit einem runden Ausschnitt von 10 cm im Durchmesser.

Jugendstilblümchen

Größe

Rundes Deckchen, 32 cm im Durchmesser

Material

35 x 35 cm weißer Leinenbatist (Firma Weddigen, Art. 80 B, 0,90 m breit)
Sticktwist zweifädig in den Farben mattgrün (MEZ Nr. 844), hellrostrot (MEZ Nr. 883) und mattgelb (MEZ Nr. 886)
Sticknadel Stärke 24
1,30 m Spitze ca. 2,5 cm breit

Arbeitsanleitung

Ein quadratisches Stück Leinen zuschneiden. Auf Seidenpapier einen Kreis von 32 cm Durchmesser mit Bleistift zeichnen. Mit dem Bügelmusterstift in gleichmäßigem Abstand sechs Blüten durchzeichnen und aufbügeln. Gestickt wird in Schattenstich und Steppstich, die Mitte der Blumen in Knötchenstich.

Das Bild hat die Außenmaße 17,5 x 17,5 cm. Das Passepartout mißt 15 x 15 cm mit einem runden Ausschnitt von 10 cm im Durchmesser. Sie benötigen 15 x 15 cm Glasbatist. Als Hintergrund wurde ein weinroter Karton verwendet.

Jugendstilalphabet

Größe

Das Bild mißt außen 41 x 46 cm, der Passepartoutausschnitt 27 x 32 cm

Material

40 x 45 cm weißer Leinenbatist (Firma Siekaup, Art. 111, 0,90 m breit)
Sticktwist dreifädig, weiß (MEZ Nr. 1)
Passepartout und Rahmen

Arbeitsanleitung

Ein Aufbügelmuster herstellen und aufbügeln. Gestickt wird in Schattenstich und Steppstich.

Die Buchstaben können auch als Monogramme auf Servietten oder Taschentücher gestickt werden (siehe Seite 48).

Zeichnung auf Seite 68/69

ABCD
EFGHIJK
LMNO
PQRSTU
VWXYZ

Blütenranke

Größe — Die Decke mißt 1,30 x 1,30 m

Material — 1,40 m weißes Siebleinen (Firma Weddigen, Art. 112, 1,40 m breit)
Sticktwist vierfädig, dunkles altrosa (MEZ Nr. 896)
Sticknadel Stärke 20

Arbeitsanleitung — Ein Aufbügelmuster herstellen. Zuerst auf einem großen Bogen Seidenpapier einen Kreis von 38 cm Durchmesser mit Bleistift zeichnen. Auf diesen Kreis die Ranke mit dem Bügelmusterstift dreimal übertragen. Das Aufbügelmuster in die Mitte des Stoffes plazieren, feststecken, anreihen und aufbügeln.
Gestickt wird in Schattenstich und Steppstich, in der Mitte der Blüten Knötchenstich.
Mit Hohlsaum den Rand der Decke versäubern (ca. 4,5 cm Saum) oder eine Spitze annähen.

Zeichnung auf Seite 70/71

Alphabet in Schreibschrift

Größe — Das Bild mißt außen 35 x 31 cm, der Bildausschnitt 22 x 18 cm

Material — 30 x 35 cm weißer Leinenbatist (Firma Siekaup, Art. 111, 90 cm breit)
Sticktwist zweifädig, weiß (MEZ Nr. 1)
Sticknadel Stärke 24
Passepartout und Rahmen

Arbeitsanleitung — Ein Aufbügelmuster herstellen und aufbügeln.
Gestickt wird in Schattenstich und Steppstich.

Die Buchstaben können auch als Monogramme auf Servietten oder Taschentücher gestickt werden (siehe Seite 49).

Zeichnung auf Seite 72/73

A B C D E
F G H I K
L M N O P
Q R S T U
V W X Y Z

Wiesenstück

Größe

Die Gardine mißt 55 x 51 cm, der Saum beträgt unten und oben 3,5 cm, seitlich 0,5 cm

Material

59 x 55 cm mintgrüner Leinenbatist (Firma Siekaup, Art. 111, 1,80 m breit)
Sticktwist zweifädig, grün (MEZ Nr. 860)
Sticknadel Stärke 24

Arbeitsanleitung

Die Muster von Seite 74/75 fotokopieren und zusammensetzen. Ein Aufbügelmuster herstellen und aufbügeln.
Wenn in der Zeichnung nicht anders angegeben, wird in Schattenstich und Steppstich gestickt.

Zeichnung auf Seite 74/75

Dieses Muster kann im Viereck angeordnet als Mittelteil einer quadratischen Decke verwendet werden.

Taufkleid und Kerzentuch

Größe

Das *Taufkleid* ist aufgrund der Bandschnürung für Kinder vom 4. bis 8. Monat geeignet. Die Gesamtlänge beträgt 95 cm.

Material

1,20 x 1,80 m weißer Leinenbatist (Firma Siekaup, Art. 111, 1,80 m breit)
Sticktwist zweifädig, weiß (MEZ Nr. 1)
Sticknadel Stärke 24
1,20 m Satinband 2 cm breit

Arbeitsanleitung

Siehe Zeichnung auf Seite 76/77

Größe

Das *Kerzentuch* hat einen Durchmesser von 40 cm

Material

45 x 45 cm weißer Leinenbatist (Firma Siekaup, Art. 111, 1,80 m breit)
Sticktwist zweifädig, weiß (MEZ Nr. 1)
Sticknadel Stärke 24
1,50 m schmale Spitze

Arbeitsanleitung

Vom Leinenbatist ein Quadrat von 45 x 45 cm zuschneiden. Hierauf mit Bleistift einen Kreis von 40 cm Durchmesser ziehen. Für die drei Symbole ein Aufbügelmuster herstellen. Auf weißem Papier Hilfslinien ziehen, Namen und Geburtstag des Täuflings in Druckbuchstaben oder Schreibschrift schreiben. Auf dem Kerzentuch ca. 3 cm vom gezeichneten Rand mit dem Bügelmusterstift die Daten durchzeichnen. Die drei Symbole verteilt aufbügeln. Unter das Taufsymbol das Taufdatum schreiben.
Gestickt wird in Schattenstich und Steppstich, die Schrift nur in Steppstich. Nach dem Sticken das Kerzentuch rund ausschneiden und die Spitze annähen. Man kann in der Mitte des Tuches ein kleines Loch für die Kerze ausschneiden und den Rand versäubern.

Zeichnung auf Seite 76.

Hannah
Julia

Schäfchen

Größe

Die Gardine mißt in der Länge 83 cm, in der Breite 59 cm, der Saum beträgt oben und unten 3,5 cm, seitlich 1 cm

Material

97 x 63 cm rosa Leinenbatist (Firma Siekaup, Art. 111, 1,80 m breit)
Sticktwist zwei- und dreifädig, rosa (MEZ Nr. 969)
Sticknadel Stärke 24 und 22

Arbeitsanleitung

Ein Aufbügelmuster anfertigen und aufbügeln. Gestickt wird in Schattenstich und Steppstich, Baum und Blätter mit dreifädigem Garn, nur die Locken der Schafe zweifädig in Vorstich II.

Das Muster eignet sich auch für ein Bild oder ein Kissen für den Kinderwagen.

Zeichnung auf Seite 78

Möwe im Schilf

Größe

Das Bild mißt 34,5 x 29 cm, der Bildausschnitt 18,5 x 13,5 cm im Oval

Material

30 x 30 cm Glasbatist
Sticktwist einfädig, weiß (MEZ Nr. 1)
Sticknadel Stärke 24
Passepartout mit ovalem Ausschnitt, 24 x 30 cm, und Rahmen

Arbeitsanleitung

Ein Aufbügelmuster anfertigen. Sticken Sie zuerst die Blätter in Schattenstich und Vorstich II. Die Rispen werden in Knötchenstich, die Stiele und der Umriß der Möwe in Steppstich, das Auge in Knötchenstich gestickt.

Zeichnung auf Seite 79

Weihnachtskarten und Sternenläufer

Größe

Eine *Karte* mißt 10,5 x 14,5 cm

Material

Glasbatist, gut 1 ½ cm größer als der Passepartoutausschnitt
Sticktwist zweifädig, weiß (MEZ Nr. 1), dünnes Goldgarn
Sticknadel Stärke 24
Passepartoutkarten in blau oder anderen Farben

Arbeitsanleitung

Mit Bügelmusterstift Zeichnung direkt auf den Glasbatist übertragen. Die Stickerei waschen, naß trockenbügeln und in die Passepartout-Karte kleben, Deckkarte darüberkleben.

Kirche: Gestickt wird in Schattenstich, der Turm in Steppstich mit weißem Garn und Goldfaden, die Türe mit Goldfaden in Steppstich und Vorstich II, die Bodenlinien in Steppstich. *Stern:* Gestickt wird in Schattenstich mit weißem Garn und Goldfäden zusammen. *Spitzer Stern:* Gestickt wird in Schattenstich und Steppstich mit Goldfaden. *Baum:* Gestickt wird in Schattenstich und Steppstich. *Schäfchen:* Gestickt wird in Schattenstich und Vorstich II. *Engelskopf:* Gestickt wird in Schattenstich und Vorstich II.

Zeichnungen auf Seite 80

Größe

Der *Sternenläufer* mißt 55 x 37 cm, die Ecken sind abgerundet.

Material

60 x 40 cm weißer Leinenbatist (Firma Weddigen, Art. 121, 1,85 m breit)
Sticktwist dreifädig, weiß (MEZ Nr. 1)
Sticknadel Stärke 22
Ca. 1,85 m Spitze

Arbeitsanleitung

Die Länge des Läufers können Sie selbst bestimmen sowie die Sterne nach Belieben anordnen und wie bei der runden Sternendecke (siehe Seite 46) aufzeichnen. Nach dem Sticken eventuell die Ecken des Läufers abrunden und die Spitze annähen.

Zeichnung auf Seite 81/82

Sternendecke

Größe

Die Decke mißt 145 cm im Durchmesser

Material

1,40 m weißes Siebleinen (Firma Weddigen Art. 112, 1,40 m breit)
Sticktwist vierfädig, goldgelb (MEZ Nr. 891)
Sticknadel Stärke 20
5 m Spitze, ca. 5 cm breit

Arbeitsanleitung

Mit einem weichen Bleistift 70 cm ab Mitte der Decke einen Kreis zeichnen. Durch diesen Kreis einen Reihfaden ziehen. Von den Sternen je nach Belieben 5 – 7 Kopien anfertigen. Die Decke flach ausbreiten und die Sterne beliebig verteilen. Mit der Zeichnung nach unten feststecken. Die Decke wenden und mit dem Bügelmusterstift die Sterne durchzeichnen.
Nach dem Sticken die Decke ausschneiden und die Spitze annähen. Gestickt wird in Schattenstich und Steppstich.

Zeichnung auf Seite 81/82

Monogramme auf Servietten

Größe

Eine Serviette mißt 40 x 40 cm

Material

Weißer Leinenbatist (Fertigware der Firma Siekaup)
Sticktwist zweifädig, weiß (MEZ Nr. 1)
Sticknadel Stärke 24

Arbeitsanleitung

Servietten mit Monogramm in Schreibschrift und Jugendstilbuchstaben: Den Alphabeten von Seite 68/69 bzw. 72/73 entsprechende Buchstaben entnehmen und Bügelmuster herstellen. Serviette über Eck zusammenlegen und knicken. Auf dem Knick das Bügelmuster plazieren und aufbügeln.

Servietten mit Schnecke und Libelle: Die Schnecke ist dem Motiv »Wiesenstück« (Seite 74/75), die Libelle dem Motiv »Libelle im Gras« (Seite 54) entnommen. Ein Aufbügelmuster anfertigen. Nach Belieben in einer Ecke oder in der Mitte einer Längsseite der Serviette aufbügeln.

Wiesenblumen auf Sets

Größe

Ein Set mißt 37 x 47 cm (Saum 2 cm)

Material

Cremefarbenes Siebleinen (Fertigware von Firma Weddigen, Art. 120)
Sticktwist vierfädig, hellgelb (MEZ Nr. 392)
Sticknadel Stärke 20

Arbeitsanleitung

Die einzelnen Motive aus dem Wiesenstück (Seite 74/75) kopieren und ein Bügelmuster herstellen. Das Muster ist in der linken unteren Ecke plaziert.

Blütenranke und Jugendstilornament (Titelbild)

Größe

Die Gardine mit der *Blütenranke* ist 80 cm hoch und 86 cm breit. Der Saum beträgt oben und unten 4,5 cm.

Material

90 x 88 cm weißer Leinenbatist (Firma Siekaup, Art. 111, Breite 1,80 m)
Sticktwist dreifädig, weiß (MEZ Nr. 1)
Sticknadel Stärke 22

Arbeitsanleitung

Das Aufbügelmuster zweimal anfertigen, davon einmal gespiegelt (siehe »Spiegeln« unter Arbeitshinweise). Das Muster feststecken und auf den Batist reihen und abbügeln.
Gestickt wird in Schattenstich, Steppstich und die Blütenmitte in Knötchenstich.

Zeichnung auf Seite 52/53

Größe

Der Läufer mit dem *Jugendstilornament* mißt 70 x 40 cm, die Ecken sind abgerundet

Material

45 x 75 cm weißer Leinenbatist (Firma Weddigen, Art. 121, 1,85 m breit)
Sticktwist dreifädig, weiß (MEZ Nr. 1)
Sticknadel Stärke 22
Die Länge der Spitze richtet sich nach der Größe des Läufers (hier 1,90 m).

Arbeitsanleitung

Für den Läufer ein Aufbügelmuster anfertigen. Es wird zweimal an den schmalen Enden auf den Stoff übertragen. Gestickt wird in Schattenstich und Steppstich. Nach dem Sticken Ecken abgerundet zuschneiden und Spitze annähen.

Zeichnung auf Seite 51

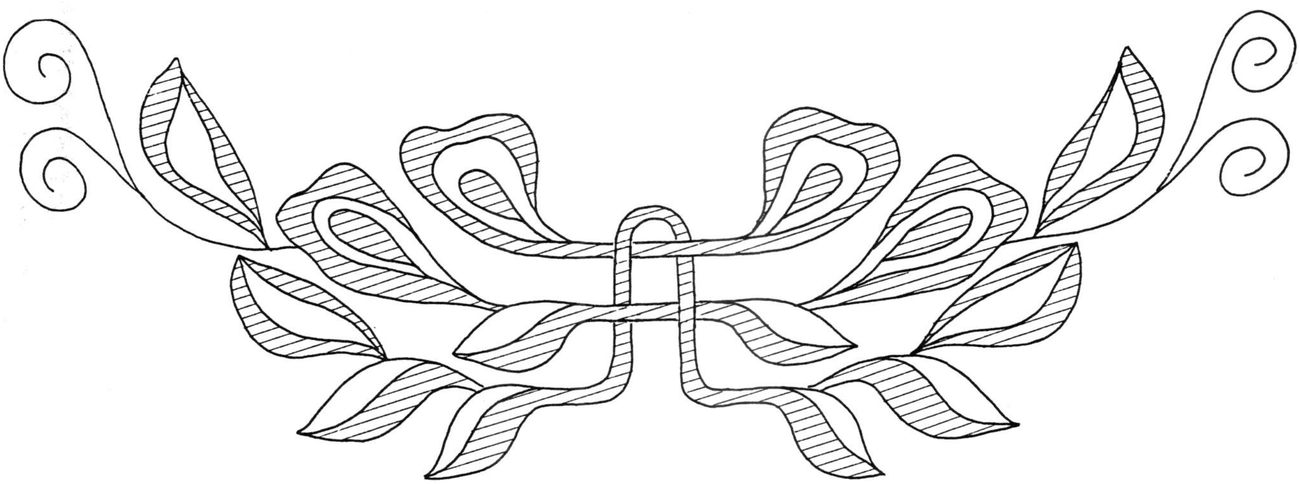

Jugendstilornament (Titelbild, Anleitung Seite 50)
Die Zeichnung um 80 % vergrößern.

Blütenranke (Titelbild, Anleitung Seite 50)
Die Zeichnungen von Seite 52 und 53 zusammensetzen.

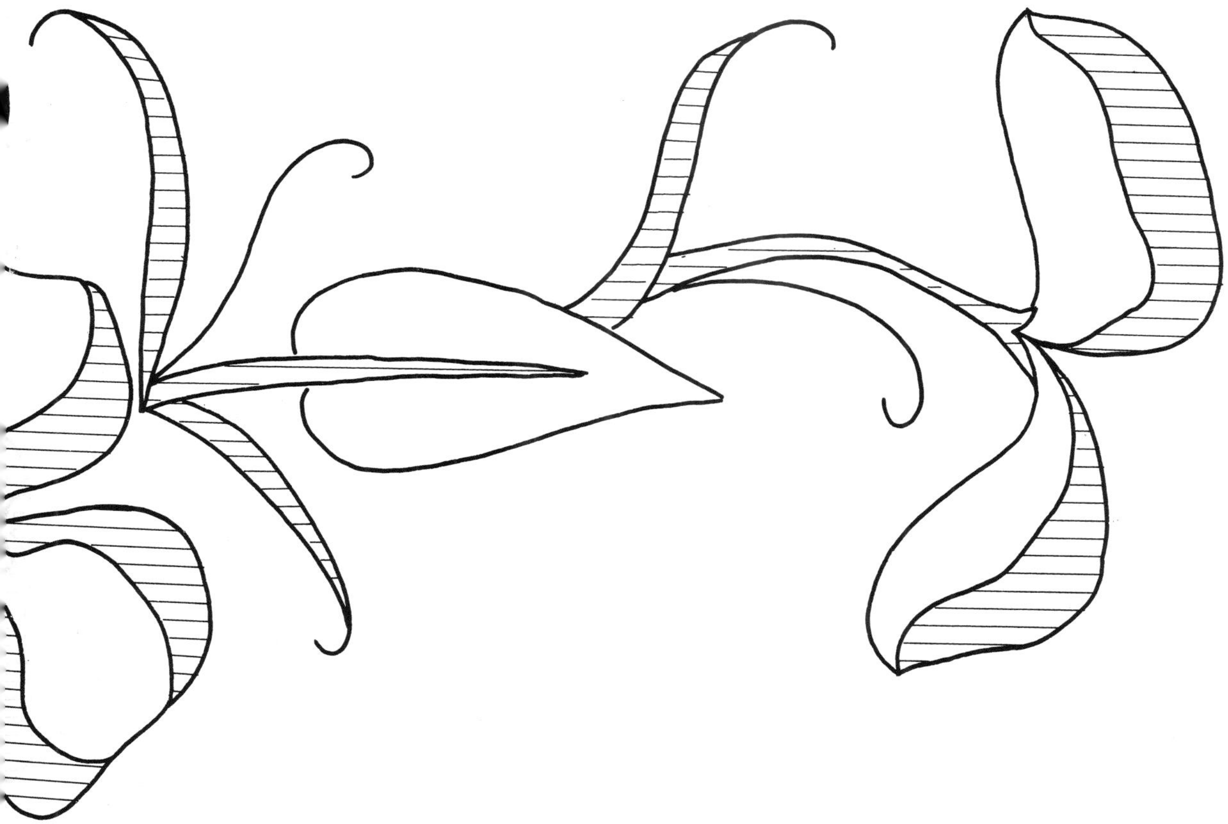

 Libelle im Gras *(siehe Seite 18/19)*

Blütenherz (siehe Seite 18/19)

 Schmetterling (siehe Seite 18/19)

Kräuter (siehe Seite 20/21)
Die Zeichnung um 20 % vergrößern.

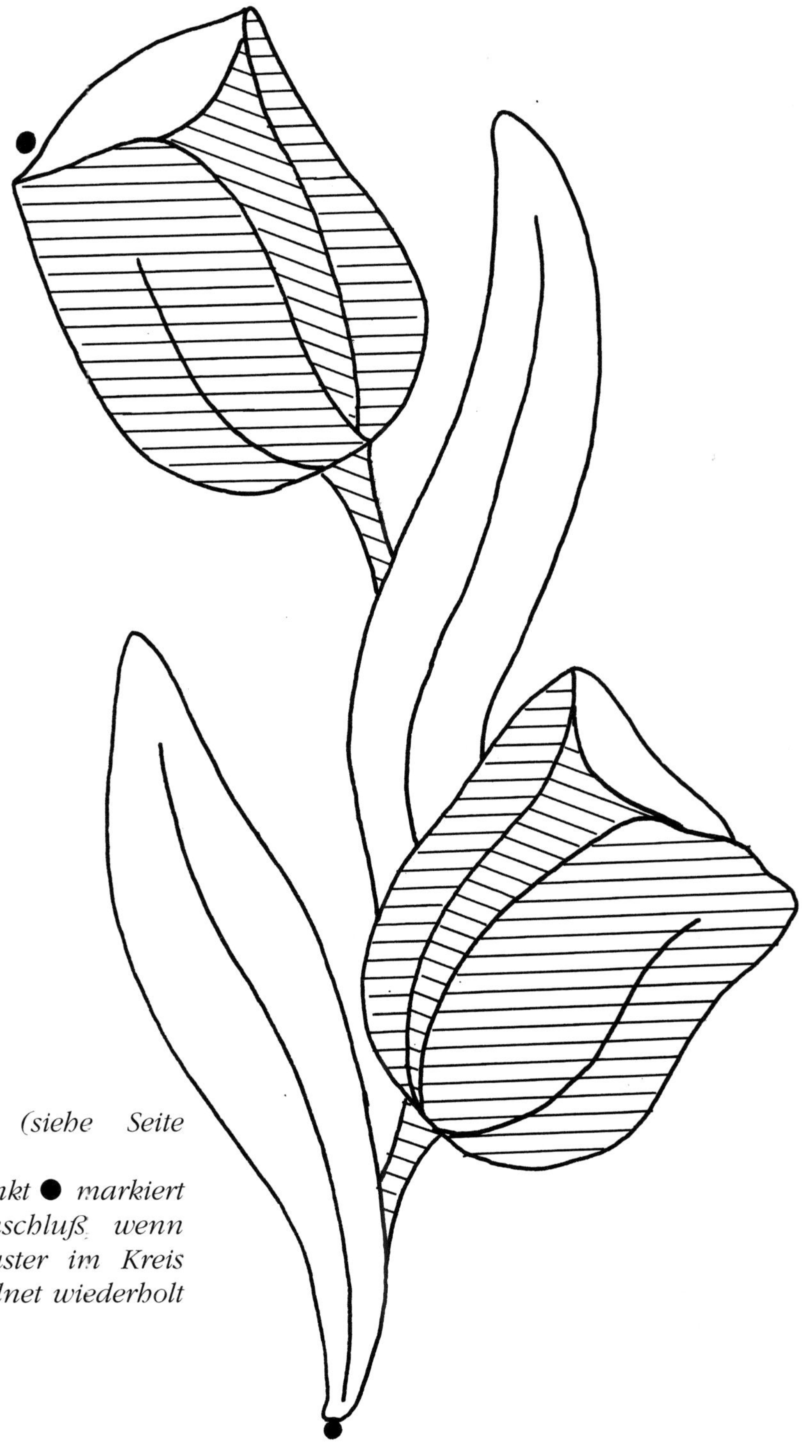

Tulpen *(siehe Seite 22/23)*
Der Punkt ● markiert den Anschluß, wenn das Muster im Kreis angeordnet wiederholt wird.

Grafische Muster (siehe Seite 24/25)

 Herbstlaub (siehe Seite 26/27)

Neun Jugendstilmotive – Gesamtansicht (siehe Seite 28/29)
Die Zeichnung um 270 % vergrößern.

Blüte (siehe Seiten 28/29 und 61)

Die Blätter und die Blütenumrandung werden in Schattenstich, die Mitte der Blüte in Knötchenstich, die Stiele in Vorstich II gestickt.

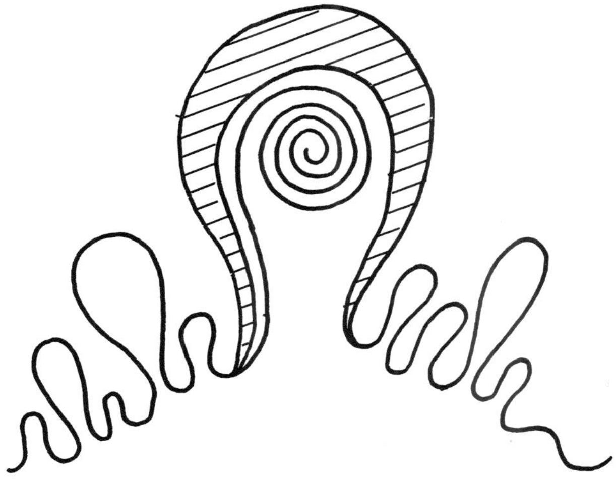

Woge (oben), Steine (unten) (siehe Seite 28/29)
Die Umrandung der Gesamtansicht von Seite 61 entnehmen.

Woge:
Die Linien werden in Steppstich und der obere Bogen in Schattenstich gestickt.
Steine:
Steine im Wechsel einmal in Schattenstich, Steppstich und Vorstich II ausführen.

Vogel (oben), Schnecke (unten) (siehe Seite 28/29)
Die Umrandung der Gesamtansicht von Seite 61 entnehmen.

Vogel:
Die Ranke und die Konturen des Vogels werden in Steppstich und Schattenstich, die Linien innerhalb des Vogels in Vorstich II gearbeitet.
Schnecke:
Die Schnecke wird in Schattenstich und Steppstich gestickt.

Fisch (oben), Vögel mit Wolken (unten) (siehe Seite 28/29)
Die Umrandung der Gesamtansicht von Seite 61 entnehmen.

Fisch:
Die Schwanzflossen werden in Steppstich und Schattenstich gestickt, die Wellen in Vorstich II und der Kopf des Fisches sowie die Luftblase in Steppstich, das Auge in Knötchenstich.
Vögel und Wolken:
Die Wolken spiralenförmig in einer Steppstichlinie ausführen und die Vögel in Schattenstich sticken.

Kirche (oben), Spiralen (unten) (siehe Seite 28/29)
Die Umrandung der Gesamtansicht von Seite 61 entnehmen.

Kirche:
Linien der Kirchentür mit Vorstich II sticken. Der Zwiebelturm und die Landschaftslinien werden in Steppstich und die Kirche in Schattenstich ausgeführt.
Spiralen:
Die größere Spirale wird in Steppstich, die mittlere in Zickzackstich, die kleine in Schattenstich gestickt. Den Vogel in Steppstich ausführen und die Sonne in Schattenstich.

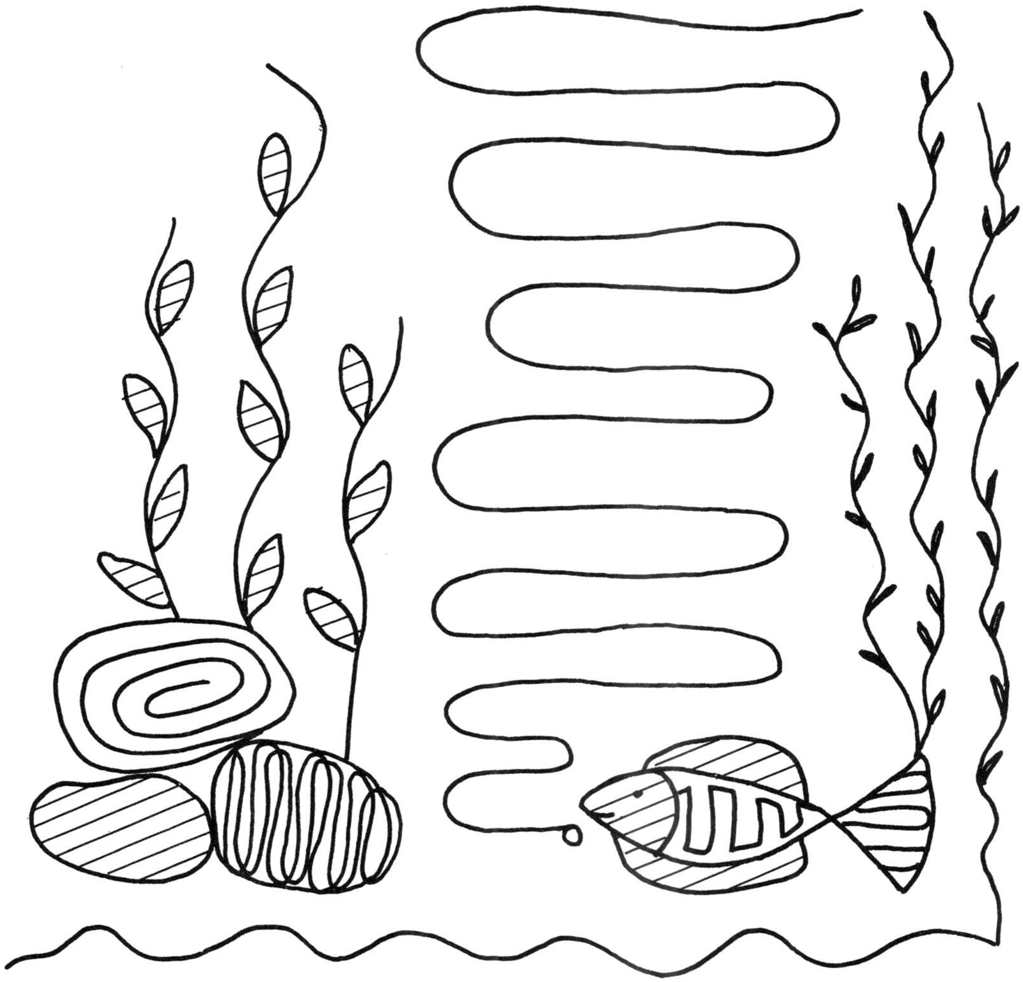

Fisch auf dem Meeresgrund *(siehe Seite 30/31)*

Jugendstilalphabet (siehe Seite 34/35) Die Zeichnungen von Seite 68 und 69 zusammensetzen und um 20 % vergrößern.

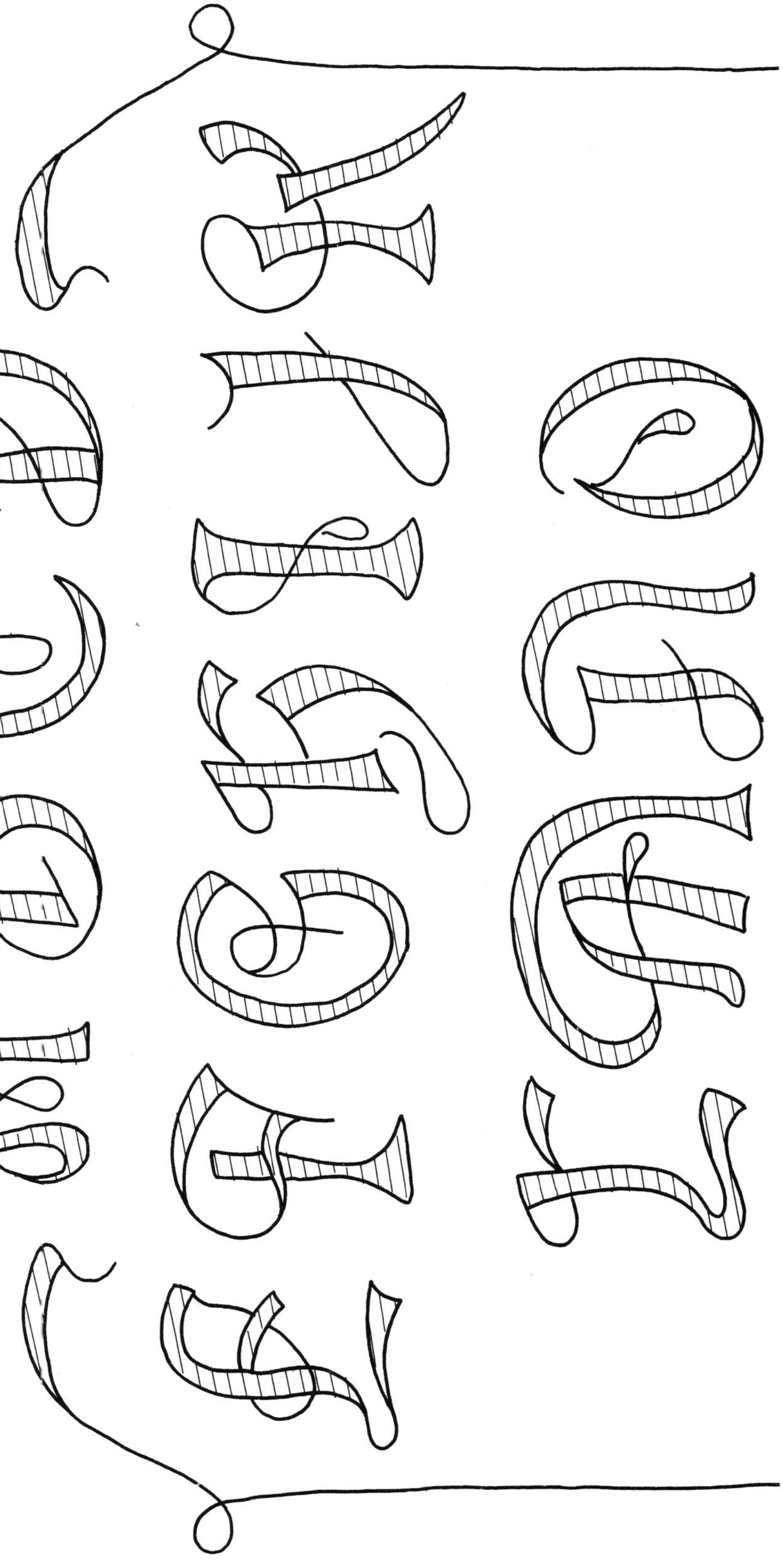

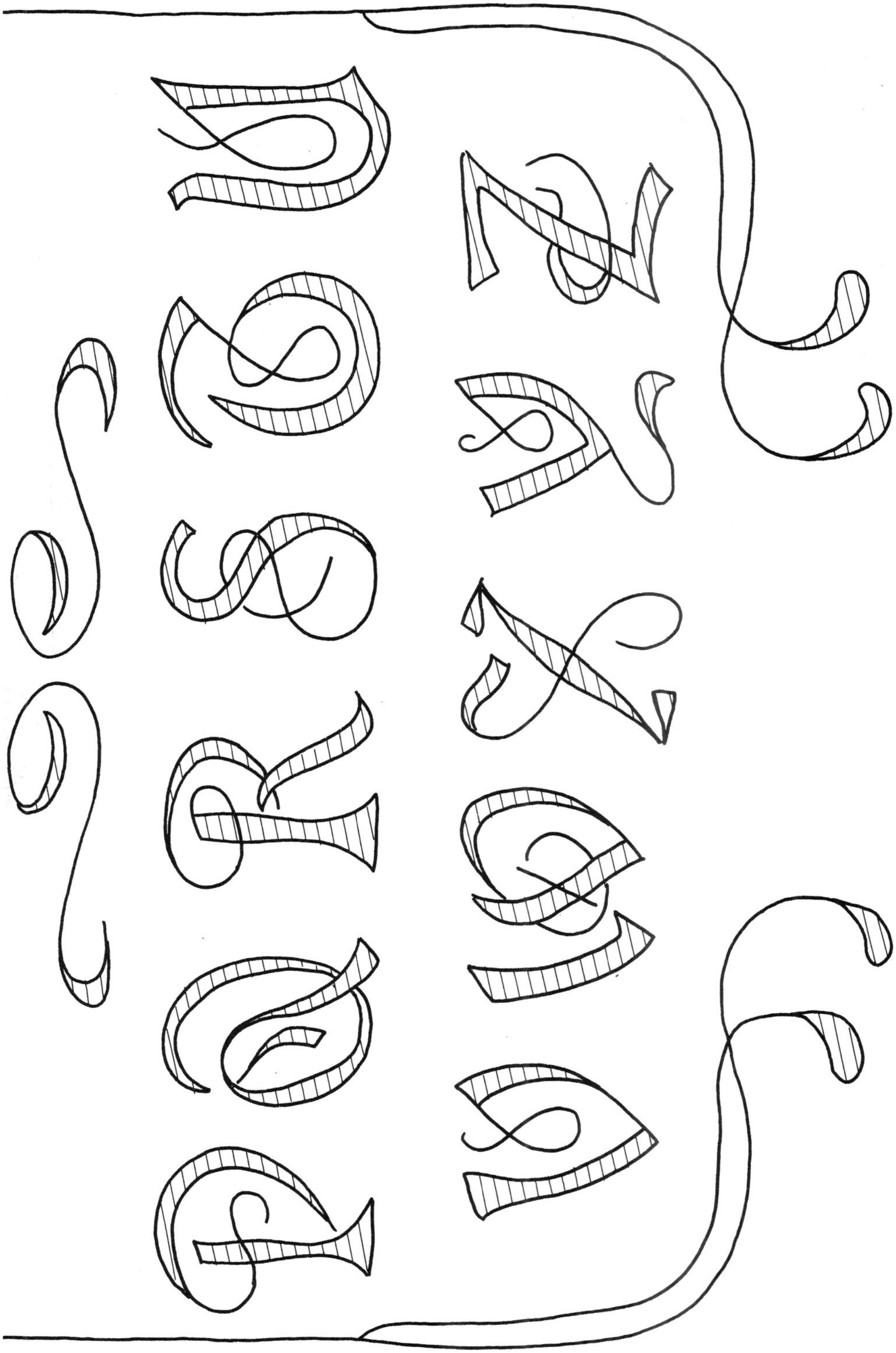
PQRSTU
VWXYZ

Blütenranke (Anleitung Seite 36)
Die Zeichnungen von Seite 70 und 71 zusammensetzen und um 20 % vergrößern. Der kleine Kreis ○ markiert den Anschluß, wenn das Muster im Kreis angeordnet wiederholt wird.

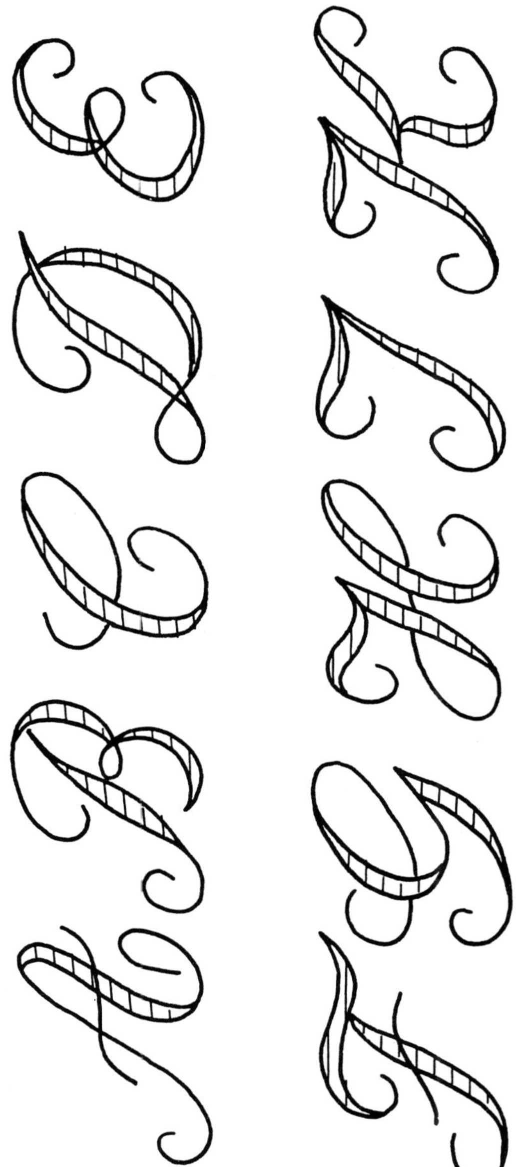

 Alphabet in Schreibschrift *(siehe Seite 36)*

Wiesenstück (siehe Seite 38/39)
Die Zeichnungen von Seite 74 und 75 zusammensetzen und um 30 % vergrößern.

Auf einen Vorstich folgt ein locker gestickter Margeritenstich, der mit kleinen Stichen rechts und links abgefangen wird.

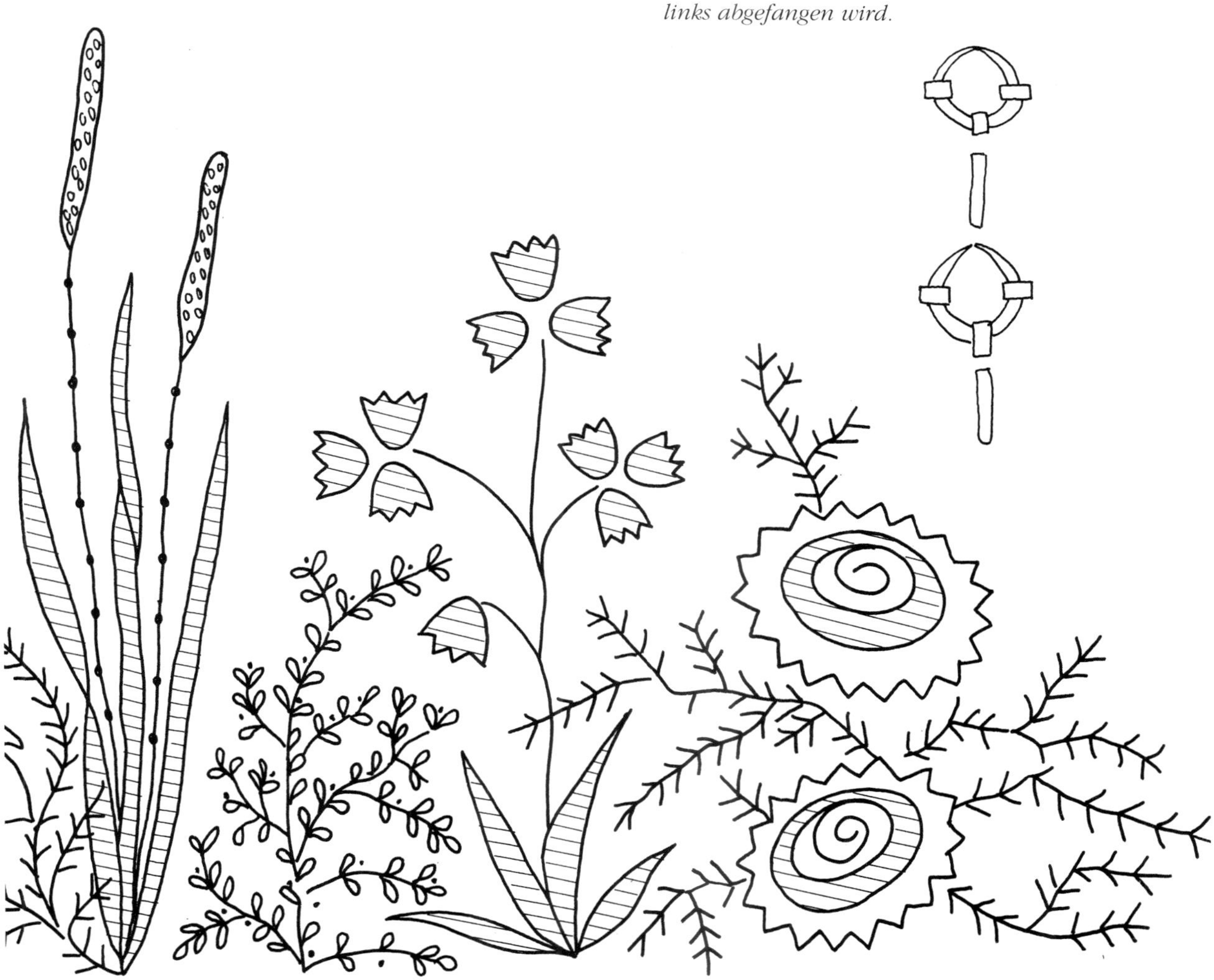

Stengel (siehe Sticherklärung rechts oben)

Margeritenstich

Stengel in Spaltstich

Zickzackstich

Bäumchenstich

Symbole für das Kerzentuch

Muster für das Taufkleid

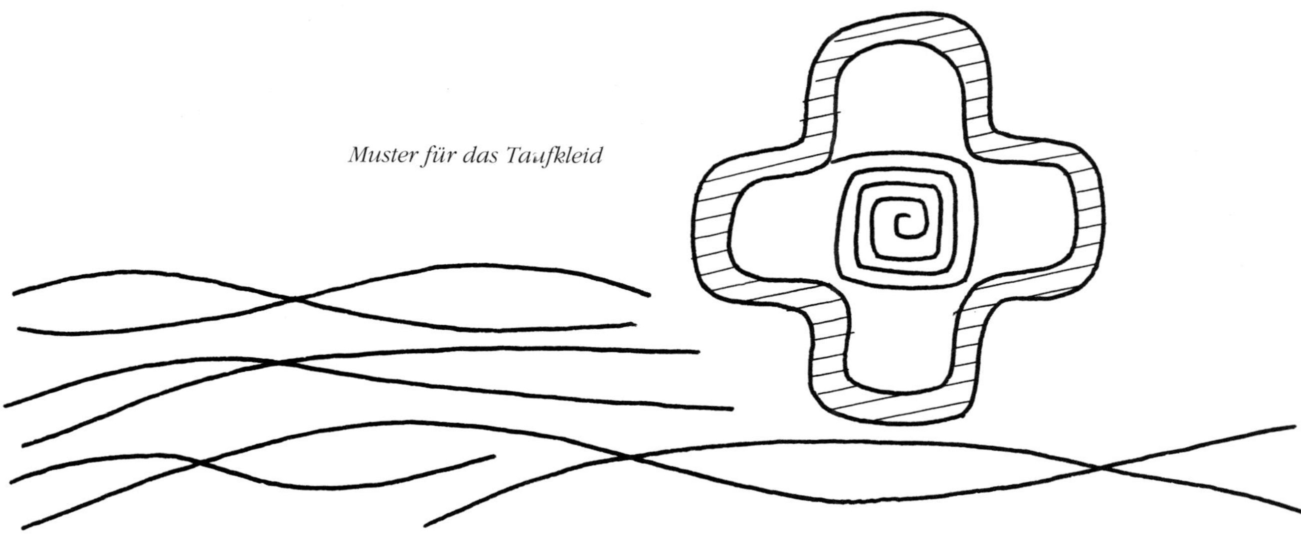

Taufkleid und Kerzentuch (siehe Seite 40/41)

Vom Stoff erst in der Länge 30 cm, dann in der Breite 30 cm abschneiden. Diese beiden Streifen sind für das Oberteil. Vom Kreuz ein Bügelmuster anfertigen und in der Mitte eines Streifens aufbügeln und sticken. Schnitt des Oberteils auf dem Kopierer vergrößern. Mit Nahtzugabe zweimal zuschneiden. 90 x 150 cm Leinenbatist bleiben für den Rock. Auf weißem Papier mit Lineal und Bleistift im Abstand von 2,5 cm zwei Linien ziehen. Zwischen diesen Linien Vorname und Taufdatum des Täuflings schreiben. Anfangsbuchstaben können dem Alphabet in Schreibschrift (Seite 72) entnommen werden. Ein Aufbügelmuster anfertigen. In der Mitte des Rocks, 10 cm ab Schnittkante, das Muster aufbügeln und in Schattenstich und Steppstich sticken. Die Längsseiten fein säumen und den unteren Saum ca. 3 cm breit mit einem Hohlsaumstich annähen. Den Rock einreihen und an das Oberteil nähen.

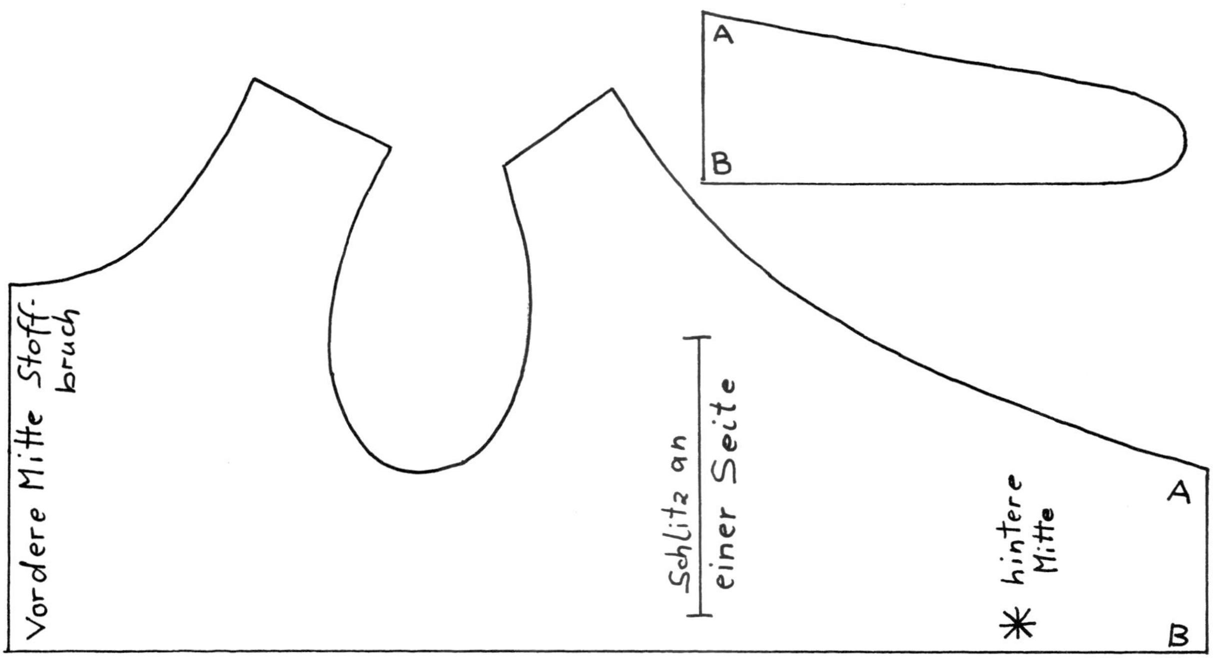

Schnitt für das Taufkleid (siehe Seite 40/41)
Der Schnitt ist stark verkleinert (Vergrößerung auf dem Kopierer 250 %).
Die zwei Zeichnungen bei A B zuerst zusammensetzen, dann Bügelmuster anfertigen.

Schäfchen (siehe Seite 42/43)
Die Zeichnung um 20 % vergrößern.

Möwe im Schilf (siehe Seite 42/43)

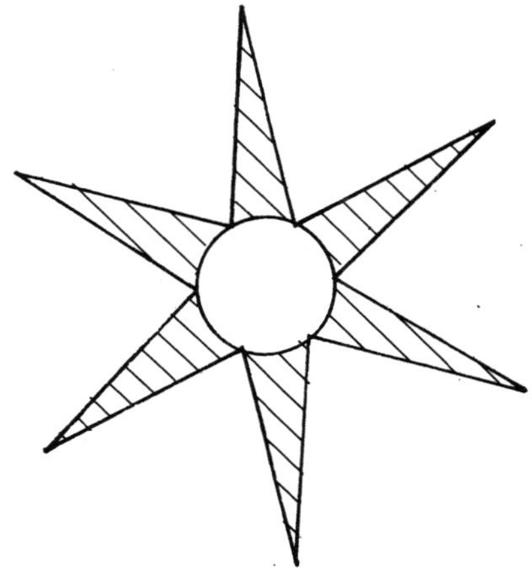

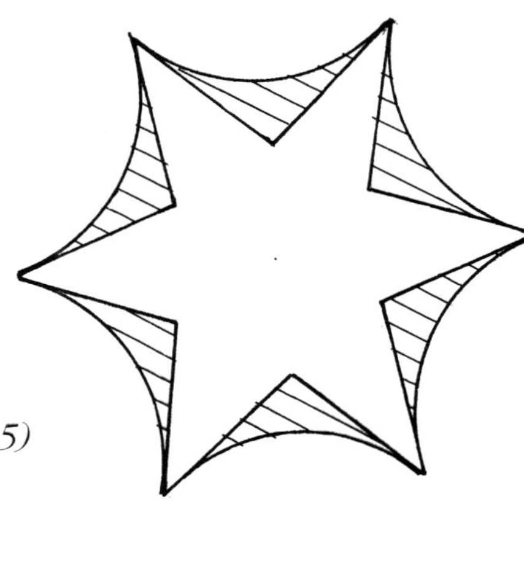

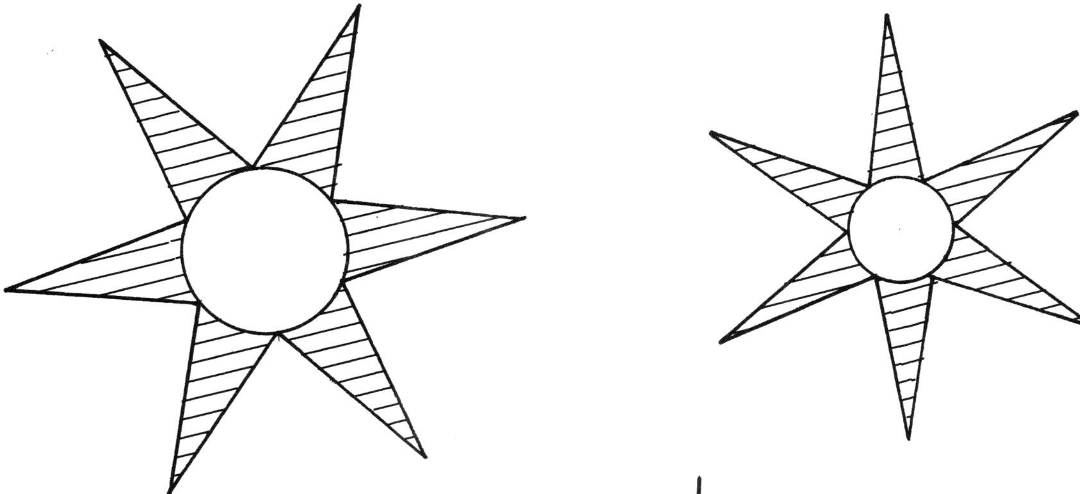

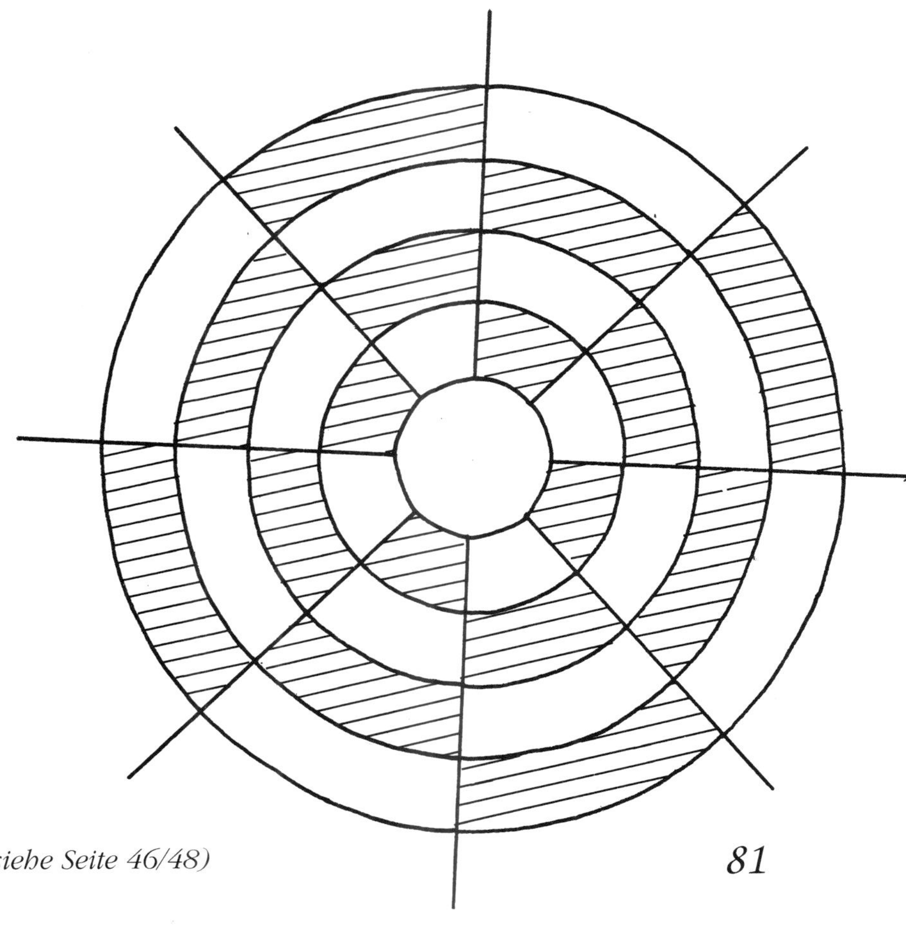

Sternendecke (siehe Seite 46/48)

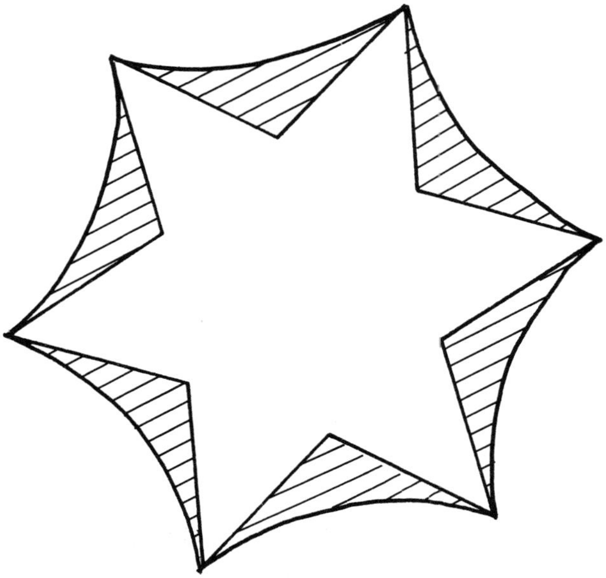

 Sternendecke (siehe Seite 46/48)

Bezugsquellennachweis

Siekaup Leinen, Otto-Brenner-Straße 112, 33607 Bielefeld

Weberei Weddigen, Diebrocker Straße 42, 32051 Herford

Die Rahmen, Passepartouts und Passepartoutkarten sind Sonderanfertigungen aus der Werkstatt von Michael Steinacker (Adresse siehe Inserat). Die Rahmen sind Holzrahmen, die in jeder gewünschten Größe bestellt werden können. Für die Passepartouts wurden Museumskartons verwendet, die alterungsbeständig, lichtecht und säurefrei sind. Die Passepartoutkarten für die Weihnachtsmotive gibt es in blau, rot und weiß mit verschiedenen Ausschnitten: rund, oval, rechteckig, quadratisch, sechseckig, Wolken und Herzen.

Henriette Steinacker wurde 1927 in Finnentrop im Sauerland geboren. Sie absolvierte eine Lehre im Handsticken, verbrachte ihre Gesellenjahre in Mode- und Paramenten-Werkstätten und legte in Bielefeld die Prüfung zur Stickmeisterin ab. In den Folgejahren bildete sie Lehrlinge zu Handstickerinnen aus, gab Kurse für textiles Gestalten an der Universität Dortmund sowie an Familienbildungsstätten und Volkshochschulen. 1981 richtete sie in Oberhundem im Alten Pastorat ein privates Stickmuseum ein.